今日のテニスの３２戦略

ジョセフ・コリア

最も貴重な32テニスの戦略に関する教訓

著作権

© 2016 Finibi Inc

無断複写・転載を禁じます。

本書またはその一部は、本の中でのレビューのための簡単な書籍の引用を除いた発行者の書面による許可なしに複製または任意の方法で使用することはできません。

スキャン、アップロード、および出版社と著作者の明示的な許可なしにインターネットを介して、または任意の他の手段を介してこの本を配布するには、違法であり、処罰の対象となります。この本の認可された版を購入してください。

この本を使用し訓練する前に医師に相談してください。

この本は私の娘のガブリエラに捧げられています。ガブリエラもテニスにしようとすれば、未来試合の為の案内がこの本にあります。

紹介

戦略は競争敵なテニスに大部分で、戦略を適用する方法を知ることは厳しい選手に対して試合に勝つのに役立ちます。これらの戦略は以下の三つのことをできるようになります：

1. プレイヤーの特定のスタイルに対戦の準備
2. どんなカウンター戦略で最も効果的に競争できます
3. あなたなりに戦略を実行方法

このテニス戦略本はポケットサイズでテニス鞄などにもったらいいで、大事な試合の為に簡単に利用できて、最もよい戦略を使えます。

作家の伝記

ジョセフコリアはプロテニス選手とコーチで、ITF や ATP や世界中のトーナメントに何回も参加しても教えました。その上で USPTR プロコーチ認証も ITF キッズコーチ認証も持って、数百人の生徒を教えることもありました。

この本の著者でテニスに特異戦略を使用は重要だと頻りに信じ込みます。時々苦手な選手のほうが良い戦略を使用すれば勝つことが出来て、反対もそうです。この本を読んで、いつもより試合に勝って、テニス生活に力を貸してあげます。

幸運を祈ります。

ジョセフコリア

目次

著作権

紹介

作家の伝記

第1話： 基本的な技術と対戦する方法

1. ベースライナーを倒す方法

2. ネットラッシャーに対戦すべきこと

3. カウンターパンチャーを倒す方法

4. サーブとボレープレーヤーを倒す方法

5. オールコートプレーヤーを凌ぐ方法

6. ロバーを乗り越える方法

7. プッシャーを倒す方法

第2話： 上級な技術と対戦する方法

8. トップスピンプレーヤーに対戦すべきこと

9. スライスしか使わないプレーヤーを乗り越える方法

10. 大きなサーブを乗り越える方法

11. ドロップショットを潰す方法

12. ランナーを乗り越える方法

13. 大きなフォアハンドを凌ぐほう法

14. ビッグヒッターを乗り越える方法

第３話： ユニークな技術と対戦する方法

15. グランターを負かす方法

16. 時間つぶしプレーヤーを負かす方法

17. 急ぎ足のプレーヤーを乗り越える方法

18. 大人気なプレーヤーを倒す方法

19. ソフトアングルを潰す方法

20. 深く高いショットを潰す方法

21. 高いバックハンドを凌ぐほう法

22. スクラップショットプレーヤーを負かす方法

第4話： 心理的な戦術

23. 緊張を克服する方法

24. 試合のストレスを乗り越える方法

25. 最後まで試合に見据える方法

26. 切り替える時の考えべきこと

27. 試合の前の考えべきこと

28. 試合前日の考えべきこと

29. １セットアップがあればすべきこと

30. １セットダウンがあればすべきこと

31. マッチポイントがあればすべきこと

32. ダッブルフォルトをサーブした後はすべきこと

第1話： 基本的な技術と対戦する方法

第1戦略

ベースライナーを倒す方法

問題

ベースライナーというのはベースラインに快適でネットに近く行きたくない選手です。だから、最もよい戦略はベースライナーがネットに行かなければならないようにします。その為に守備のショット使って、相手には難局をうまく切り抜けられなくなって多分簡単なボレーでもミスすることになります。

解答

ベースライナーを最もよい倒す方法は以下のショットを打ってネットに近くに行かせます。

- ショートスライス
- ドロップショット
- ショートトップスピン
- ショートアングル

ショートスライスを打てばベースライナーはネットの近くに引っ張らせます。ショートというのは本当にとても短いショットだったら、ベースラインを出て、前に行かせてボレーやオーバーヘッドをさせてもらいます。

ドロップショットを打てば、相手がサーブボックスに入ることが仕方がないようにして、きっとネットに行かせます。

ショートトップスピンを打てば、相手がネットに行かせないが、行かなくては相手に大変なんでしょう。不良なポジショニングを利用して相手の後ろにボールを打つことができます。

ショートアングルを打てば、ベースラインから外れるの上で、少しコート外にいるのでネットに近づかなくなら不良なポジショニングになります。

サーブが強いなら、サーブとボレーして、そしてたまにネットにラッシュして驚かせて、相手はミスするんでしょう。

第２戦略

ネットラッシャーに対戦すべきこと

問題

ネットラッシャーというのはいつも二つ目のサーブと弱いショットとショートボールがあったら前に行きたがっています。普通にボレーとオーバーヘッドが上手で、サーブの後もネットにラッシュします。ネットに圧力をかけて、相手をミスさせて、それで大部分のポイントを勝ちます。

解答

最もよい戦術は簡単に一つ目のサーブして、力がそんなに高くなくても狙い澄まして、ネットラッシャーをベースラインにいさせます。その上で、深いトップスピンとクロスコートを打てばネットラッシャーはコート外とネットから遠い押し止めさせます。ネットラッシャーはネットに達すれば：

1. ダウンラインに打って相手をパス

2. クロスコートを打って相手をパス

3. ショートアングルを打って相手をパス

4. フラットかトップスピンかスライスショットか相手のバックハンド側にボールをロブ

5. 相手の身体にボールを打って、緩めさせて驚かせます。

第３戦略

カウンターパンチャーを倒す方法

問題

カウンターパンチャーというのはポイントの率先しない方です。普通に相手の決にとって、ショットを凌ぎます。ネットをラッシュすれば、パスされます。もっと強く打てば、相手の力を使って空けたコートも使います。こんなプレーヤーにとって、よくどうすればいいと分からなかったら大変になります。戦略がなかったら、もっと強くて早くするのに相手のほうが奥の手があります。

解答

カウンターパンチャーを倒すために理解すべきことはアタックしたいならポイントを受けるように使えるパターンが重要です。例えば：

- 広いサーブして、それから空けたコートに打ちます。

- 空けたコートに打って、ネットにショットをフォローして相手に圧力をかけてポイントを受けます。

- ショートボールを打って、相手はネットに行っ先させてあげます。

第４戦略

サーブとボレープレーヤーを倒す方法

問題

サーブとボレープレーヤーは早くて決定的です。ポイントを受ける機会があれば遠慮しません。力持ちかスピンか強いサーブしてボールをネットに付けます。

解答

このようなプレーヤーに対戦すれば最もいい戦略は相手を緩めさせたり前に来るとき止めさせたりするのです。緩めさせてミスをさせる三つの最もよい方法：

1. サーブは足に返します。相手はハーフボレーを打たなければならなくなります。

2. サーブは身体に返します。相手は体を動かなければボレーできません。好ましいではないんが、緩めさせて選択が少ないとき使えます。

3. ロブして：ボールを高くて深く返します。相手はオーバーヘッドを打つけるにすることが多いので、これから後進したほうがいいです。あなたのロブは

ちょうど高くだったら、相手はすっかり止めて適時のオーバーヘッドを打たなくては行けません。天気に応じて風、雨、眩しい、暗い時も距離を決定するの難しくなって、相手はミスするチャンスが高いです。

第５戦略

オールコートプレーヤーを凌ぐ方法

問題

オールコートプレーヤーは何でも出来ます。サーブとボレー、カウンターパンチャー、ネットラッシャー、ベースライナー。誰でも明らかな弱点がないオールコートプレーヤーになるように頑張って練習しています。

解答

普通にオールコートプレーヤーは何でも上手ですが、弱点もあるかも知れません。よく出来ないことに見据えて、あなたは強点をしているように試合を整えます。

例えば：相手はバックハンドが苦手で自分のフォアハンドが強いですなら、相手のバックハンドにサーブして、バックハンドを走り回って自分のフォアハンドを使うようにします。相手のバックハンドに打って圧力を上げ続けて、機会があればネットに近づいたりボールをプットアウェイします。そのままで自分の強さに対する相手の弱点を使わせます。

もう一度のいい戦略とは薄目にネットをアタックしてこの用にミスをさせます。

第６戦略

ロバーを乗り越える方法

問題

ロバーというのはボールをロブするプレーヤーです。何度も高いボールを打ったら対戦するのは困難で耐えかねます。アタックしたいのに相手はロブで速力を落とさせます。ネットに行きたいとき反対にいつもオーバーヘッドを打つことになります。

解答

可能性が低いショットをして、相手がロブなど可能性が高いショットをするのせいで試合を負かしたくないでしょう。安全地帯から出せてコートのわるいポジションからロブを打たせたり、ロブできないところに行かせたりするのはいい作戦です。低いアングルショットを打てばロバーはバックコートから出せて、ベースラインにいたより距離が短いのでロブは難しくなります。

もう一つの方法は単にショートボールかドロップショットかでネットに行かせるのです。ネットではボレーもオーバーヘッドも出来ますが、ロブできません。

さらに、低く短いスライスを打って、良いロブを返すのは困難になって、ロブすれば相手の後ろに打てます。

最後の方法はバウンドまだしなかった飛びているボールを打ちます。ベースラインのなかに立っていて、飛びているボールに打つことが出来たらとても効果的な戦略です。

第７戦略

プッシャーを倒す方法

問題

プッシャーというのは弛まないプレーヤーで試合にあまりアタックしないのに普通に成功が多いです。ミスしなくて勝ち打つのもしません。いつも相手のミスを待って圧力をかけます。

解答

プッシャーはミスをさせなくてはなりません。最もいいミスさせる方法はドロップショットでネットに来させてボレーやオーバーヘッドを打たせます。いつもコートの後ろにいるのでそのショットが苦手でしょうか。

ネットが強点なら早く低いショットでネットをアタック、相手にパスかロブか冒させます．

両方の戦略がプッシャーに効果的です。

今日のテニスの３２戦略

第２話：上級な技術と対戦する方法

第８戦略

トップスピンプレーヤーに対戦すべきこと

問題

今時思いトップスピンがもっともっと人気になります。バウンドが早くて高いだからアタックもネットに近づくのも困難です。退くか前に行ってボールを打つかにさせます。

解答

思いトップスピンに対戦何数こともできます。

1. 退いて、ボールを下がるまで待って、快適なところでボールを打ちます。ほとんどの人にとって肩の上にボールを打つのが大変ですからご注意してください。

2. 高すぎるなる前に上がるボールを打って、その為にコートに入ります。下がるのより腕が必要ですが、相手が早く上がり返しボールで急がせて勝ちがあります。

第9戦略

スライスしか使わないプレーヤーを乗り越える方法

問題

ある選手はスライスショットしか打ちません。それは強点かほかのショット知らないか二つの理由があります。ボールは低くショートでアタック困難になって、きれいに打つも出来なくなります。

解答

こんなプレーヤーと気を長く持ったらどうしても勝ちがあります。低いスライスを強力に打たないようにするのは重要です。

Try to get low and move forward. 相手をミスにさせるの一番いい方法は、走らせて相手がスライスしたらネットに近づくか、ボールの高さを切り替わるかなんです。高さを切り替わるのというのは低いトップスピン打って高いトップスピンを打ってこのままで続いて相手はアングルを外れさせて低くネットに打ったり高くアウトに打ったりさせます。

第１０戦略

大きなサーブを乗り越える方法

問題

大きなサーブする相手は難しい好敵手で、ボールの速さのためです。いきなりボールは速く強く来ます。

解答

バックスイングを短くしてボール来るの前に足を動かします。反応が上がるように相手はボールを打つ瞬スプリットステップにしましょう。速いサーブ返すのコツは強く打たないなんです。相手の力を使って単にボールを返した方が良いです。普通にもっと強く打つ必要がないと気がつけてそれは一番大事なことでしょう。 足を動かして、ボールに見据えて、短くバックスイングして、前に行きながらボールを打ってこのショットが成功に出来ます。

第１１戦略

ドロップショットを潰す方法

問題

ドロップショットは力を使用しないので優良な武器でつかえます。タッチショットも呼ばれています。ウィンナーという勝ち打ちもオーバーヘッドも打つより価値高いな好手です。コートの左側から右側に走るのはベースラインからネットに走るより遠いですので、ドロップショットを打つと相手が長く走らせます。

解答

ドロップショットに対戦する方法はもう一度ドロップショットで返すことです。この戦術を使えば相手はパスもロブも出来なくて、狙うことも出来なくなります。このショットをマスターすれば、数人の相手が驚かせて奮闘に前に走らせます。

ドロップショットに対して二つ目のショットはディープリターンという深い返しで、相手の弱い側にボールを返して、単にボレーかオーバーヘッドか打つに準備しておきます。

相手のドロップショットを使うチャンスを減らすようにボールを強く深く打ったり高く深く保ったりしましょう。ドロップショットするのはこのままで困難になります。

第12戦略

ランナーを乗り越える方法

問題

ランナーは普通に諦めなくてボールを何数も返すようにする難しい相手なんです。あるプレーヤーはスピードだけで試合を勝ちます。ボール全部を追いかけて相手が遣り過ぎるようにしてみて結局ミスします。

解答

ランナーのショットはいつも一つが弱いです。バックハンド、フォアハンド、サーブ、ボレー、オーバーヘッドもそうかも知れません。ウィナーを打つより、相手の弱いショットを見つけてそのショットにアタックします。もっとも強いことはスピードですので、苦手ショットに的を絞りなさい。気を長く持つべきで相手の弱点のショットでミスします。粘り強いようにして相手がミスし始めて、その作戦からずれません。ポイントするに誘われますが、作戦とおりにして相手の強点を使わせないようにします。弱点よりスピードのほうに戦えばポイントが苦心

にしかもらえます。作戦通りして、気を長く持ってください。

第１３戦略

大きなフォアハンドを凌ぐほう法

問題

テニスには大きく力持ちのフォアハンドは大勢の選手が使って、理由はフォアハンドがそれらの最強なショットです。今日のテニスに力持ちフォアハンドはポイントを勝つように重要で、選手がもっと速くて強くなり、ボールも速くて強く行かなければ相手を通り越せません。

解答

大きなフォアハンドは膝の高さと肩の高さとの間の「パワーゾーン」から打ったら大きくなります。膝の下と肩の上から打たせばそんな大きくなれません。相手のフォアハンドが弱くなるように低いスライスか高いトップスピンを打ってみなさい。

第１４戦略

ビッグヒッターを乗り越える方法

問題

ビッグヒッターは相手を両側から圧倒してたびたび強大なサーブ一つでポイントを始まります。相手より強く打つことでポイントを勝ちます。

解答

ビッグヒッターをオフスピードショットで緩めさせるようにします。例えば：

- スロースライス
- サイドスライス
- 高いトップスピン
- 深いボール
- ドロップショット
- スローアングル

ビッグヒッターにはボールの速さの違いはボールの高さ、深さと速さを整えさせるので嫌われています。後にこの違いはビッグヒッターにミスさせたりミ

スをしないように減速させたりします。相手の作戦がこれで壊れてあなたの勝ちになれます。

第３話：ユニークな技術と対戦する方法

第１５戦略

グランターを負かす方法

問題

「グランター」という選手はボールを打つ時いつも声が大きく紛らわしくうんとこをします。うんとこのうるささにとってはポイントの長さもポイントの大事さも疲れているのも示します。

解答

気息と足さばきのようなもっと重要なことにピントを合わせてみます。相手のすることに気をしすぎたら紛らして自分の最良なテニスを出来ないようにします。ポイントの間にピントを合わせることを見つけて、例えば：靴ひもを結ぶ、ラケットを固定する、汗をかいているならタオルで拭く。

本当に集中出来ないと、あなたもうんどこしたらいいでしょう。

第１６戦略

時間つぶしプレーヤーを負かす方法

問題

意図的にポイントや切り替えの間の時間を潰すプレーヤーは試合の緩急を管制したいです。あるプレーヤーは速くしなければ緩急を存置して、あるはもっとゆっくりしたいです。損しているなら試合を緩めさせるのは良い戦略でミスを直したり軌道に乗ったりできます。相手はこの戦略を使えば持ち直すのは難しくなります。

解答

しなければならないことに集中しなさい。相手の罠に落ちないでください。いつも通りに胃を決して相手に準備した姿を見せましょう。

第１７戦略

急ぎ足のプレーヤーを乗り越える方法

問題

あるプレーヤーはポイントを急ぎたがって、相手に休ませなくてミスさせます。普通に水を飲むのも速いし、相手はベースラインに戻る前にサーブしています。

解答

相手は常に急いでいる時、快適なペースに緩めってミスしないようになります。例えば：

- 切り替わる時にタオルで拭いたり、水を飲んだり、ゆっくり息をしたりする

- ポイントの間に歩かしてプレーを緩めさせる為に、タオルが後ろのフェンスかサイドフェンスに戻す

- サーブするかサーブを返すかの前に靴ひもを結ぶ

- サーブするかサーブを返すかの前にラケットストリングを直す

第１８戦略

大人気なプレーヤーを倒す方法

問題

大人気なプレーヤーはファンクラブもあるかも知れません。群衆やご家族やうるさくて強烈で試合に集中出来なくさせます。 ポイントを負ける時もラッリーの途中でも拍手喝采します。

解答

勝っているなら人気なプレーヤーは難しい相手になりますが、負けている時皆さん静かにします。はじめから勝つようにして、そのままで続きましょう。牛耳をとればとるほど、群衆はもっと静かになります。がっかりされた群衆は帰るかもしれないので、紛らわしさが減少して良い合否も出来るかもしれません。群衆に 紛らしていない人もはじめから勝つべきです。人気なプレーヤーは勝ち中だけで人気ですし、勝てない時は相手に一段優しくなります。

第１９戦略

ソフトアングルを潰す方法

問題

ベースラインからフロントとサイドコートに出させるソフトアングルはすごい武器です。全体のコートは相手が管制するようになります。

解答

ソフトアングルに対戦する方法の三つ：

- ボールはネットにたどって相手が作ったのアングルを切る

- クロスコートにもう一つのアングルショットを返して、コートの真ん中に戻る

- 真正面にドロップショットを打って相手がネットに行かせて、コートの中にパスをカバーする

第２０戦略

深く高いショットを潰す方法

問題

深く高いショットは普通に選手が多いミスされます。ベースラインの後ろに行かせて落ちながら打つようにさせて、力なく打たせるというものです。トプスピンにもかわらず、脅威で迎撃が重要です。

解答

深く高いショットの迎撃方は結構あります。例えば：

- 退いてもう一つの深く高いショットを返して、相手の反応はどうでしょうか

- バウンドしてからすぐに上がりボールを打つ

- ボールをスライスで返して、低く短いようにさせる。

 迎撃の上で、相手がこのショットをしないようにする方法：

- 低いアングルスライスかトップスピンを打つ

- 飛んでいるボールをボレーかスイングボレーのように打って、ボールが深く行けないように

- 低く短いショットをスライスして、相手がコートの中に行かせて深く高いショットをきちんと打てないように

第２１戦略

高いバックハンドを凌ぐほう法

問題

大勢のプレーヤーには高いバックハンドがとても困難なショットで、特に一手のバックハンドを使うならそうです。高いバックハンドはコートに戻すように強力が必要で、普通にバックハンドは高いショットが苦手でしょう。

解答

高いバックハンドを乗り越える方法の三つ：

1. バックハンドを走り回ってフォアハンドで打つ
2. 高くなるの前に上がりボールをバックハンドで打つ
3. 中高、低いバックハンドを打つために必要に応じて後ろに行く

第２２戦略

スクラップショットプレーヤーを負かす方法

問題

スクラップショットプレーヤーは常識はずれのボールを難しいスピンで打ちます。手法が悪いですがポイントをもらってショットが簡単にアタック出来ません。普通に打つショットは：

- スライス
- サイドスライス
- サイドトップスピン
- ムーンボール
- バウンドしてネットに返るドロップショット
- ソフトタッチショット

解答

何が来るのか分からない時はベストの作戦はショットのすべてを打つに準備します。ボールに近づいて、普通より動きそうでしょう。ボールのバウンドは快適に出来ないなら、飛びているボールはネットにアタックすればいいでしょう。

第4話： 心理的な戦術

第２３戦略

緊張を克服する方法

問題

テニス試合中緊張するのは当然です。緊張のは手際に差し支えないようにするのは最重要です。緊張すぎるなら大事なポイントの時停まることして、ミスのチャンスが増えています。

解答

テニス選手にとって神経を克服いくつかの方法：

- 足を動いて。時々緊張すれば足を動かないようにしてミスが増える。もっと速く足を動けばボールを打つのはよくなる、リラックスできる。

- ポイント中、ちゃんと吸って吐いて。ボールが来る時吸い込んで、打つ時吐いて。ポイントの間にも息をするのは筋肉をリラックスし、気持ちより戦略にピントあわせるために重々に大事です。

- 強度レベルを低下させる。次のポイントはどうすると積極的に考えてゆっくり息をして心拍が低下する。

第２４戦略

試合のストレスを乗り越える方法

問題

ストレスも当然に行って実行するの圧力とか家族、友達、遅刻するの、テニス用意を忘れるの、天気状態などによって行われます。

解答

ストレスを乗り越えるために、なんでストレスしている理由が分かる必要なんです。試合に遅刻すれば、急がないでください。急いでもなくした時間が戻せません。急ぐと何よりもミスするようになります。

天気が雨になるかもとストレスしたら、ポイントを一つずつにピントあわせて、天気に気にしないようにします。

家族の一人はストレスさせるなら、試合に的を絞って心から封じます。試合中静かにするとか試合の終わりまで出て戻ってすると頼んでみます。家族の皆さんはあなたの成功を望んでいますが、家族にも試合のストレスはあまりでしょう。

ストレスの原因を見つけて、勝つにピント合わせてください。

第２５戦略

最後まで試合に見据える方法

問題

最後まで試合に見据えるのは簡単にできなくて精を出さなくてはならないことです。ある選手はよくはじめて、ピントをずれて大変に終わるようになります。それとも、あるは集中出来ずにゲームもセットも勝てません。

解答

試合中集中出来るようにいくつかのことが必要です：

1. 試合の大事なことやどうしてポイントを勝っていることや視覚的なよすかが重要です。切り替える時ちらとノートを読むのはそのもっとも良い方法です。そのまましなくてはならないことを覚え続けます。

2. シールに二言三言のピントあわせるように大事なポイントを書いて、ラケットに引っ付けます。ラケットのネックはこの為にとても良い場所です。ネックはグリップとストリングの間にあります。

第２６戦略

切り替える時の考えべきこと

問題

切り替える時は試合中の考えるの時間で十分活用されていません。どう考えばいいでしょうか？疲れたし渇いたしどうして考えるべきでしょうか？切り替える時はテニスに最も大事なことをする時間だし、すなわち試合の問題を考えて解答を見出してとうとう成功にします。

解答

切り替える時にはポイントを勝つか損するかどうしてでしょうかを考えるべきです。ポイントを勝っていませんだったらどうしてでしょうかを見つけ出すべきです。

相手ははじめからポイントを管制しているかもしれません、バックハンドしか使わせなくてウィンニングショットなフォアハンドを使わせないようにします。

足は十分速いに動いていないかも知れません、それにピントを合わせるべきです。

疲れているかも知れません、速く勝ちたいんですがどうすればいいのよく分かりません。切り替え時中もっと挑戦的にするべきで、ネットはもっとアタックしたり、ドロップショットをよく打ったり必要だと気つきます。

相手は特になにもしないかも知れません、ミスをしている人はあなたです。切り替える時中それに気づいてボールがプレーに保つべきだと決めて、相手がミスさせます。

第２７戦略

試合の前の考えべきこと

問題

試合の前に襲撃の成案を準備するのは大切ですが、どう考えばいいかと知ったら勝ち負けにとても重要です。

解答

試合中考えなくにするのほうがいいですが、試合の前にちゃんと準備して、試合中はオートパイロットで前の決めた戦略を果たしてください。　成功になる必要なものを考えるべきです。例えば：

- 足の動き

- サーブの前にボールを高くトス

- グラウンドストロークにフォロースルー

- ボールに見据え

- ポイントが急がないように

- はじめから相手の弱点をアタック

- 相手の二つ目のサーブをアタック

- 周りに紛らせなくように

第２８戦略

試合前日の考えべきこと

問題

試合前日休んで管制出来ることしか考えないでください。雨や風など益しないことを考えないでください。心身が良い状に確かめて翌日弱くて疲れていないようにしなさい。

解答

試合前日、翌日どのように果たしたいときちんと思い描きなさい。特異的なしたい戦略を考えてください。例えば：

- スライス、ネットにアタック
- 相手の弱側かバックハンドかに高いトップスピンショットを打つ
- 長いクロスコートラリーする

ほかに思い描けばいいことは：

- 難しいショットを角から角まで追いつめる
- 堂々とサーブを返す

- サーブする前にとくとくとボールをトス
- ポイントの間にやる気と元気にする

第29戦略

1セットダウンがあればすべきこと

問題

1セットダウンの時、自身がなくて勝つ方法がないと思うかもしりません。どうすれば試合の状態を変えるのは心理的も体力的もの問題です。

解答

セットダウンだったらポイントを勝つこととポイントを負けすことを分かるのが重要です。

相手が高いショットをさせて、よくミスしたら、ネットをアタック用にしてバックコートから打つショットを減らします。

相手のほうが体力が良いなら長いラリーを負けしていれば、ポイントを縮めるようにします。相手がよくネットに行かせたりウィンナーをもっとしてみたりします。

バックハンドを走り回りフォアハンドで打つのでポイントを勝っているなら、出来るだけ走り回ります。

一つ目のサーブのポイントは全部勝ったら、一つ目のサーブにピント合わせます。

第３０戦略

１セットアップがあればすべきこと

問題

１セットを勝てば、心理的と精神的な利点があります。二つ目のセットにどうすればマッチを勝ちましょうか？

解答

一つ目のセットを勝てば、相手は全力で勝つようにすると分かります。でも、峠を越してもうすぐ試合の終わりになります。

この三つのポイントが重要です：

1. そのままでポイントを勝ち続きます。勝ち戦略を変わってしません。大なり小なり攻撃的に愚かな異動しません。

2. 次のマッチの最初の三つゲームを頑張って大きなリードで始まりにします。相手が士気阻喪させてこれからのマッチ簡単になります。3-0 か 2-0 か 4-0 か出来れば素晴らしいです。

3. マッチの終わりまでリードを守って、相手に勝つチャンスがないと思わせて、こうしなくてはきっと後で悲しくなります。

第３１戦略

マッチポイントがあればすべきこと

問題

マッチポイントは多くの異なる方法で表示することができます。正しいアプローチがあれば全てが違いになります。自信過剰したり疑心したりするのは普通ですが陰性な反応です。どうすればいいでしょうか？

解答

マッチポイントは試合の一番いい勝つ機会です。マッチポイント時考えすぎないでください。単にします。疑義なくて精度で勝つ戦略はマッチポイントも続きます。緊張すれば、息をして足を動いて落ち着きます。周りに見なくて気をそらしないでください。

注意：作戦通りにしなさい！

第３２戦略

ダッブルフォルトをサーブした後はすべきこと

問題

ダッブルフォルトは選手に感情的および心理的に影響を与えます。誰でもそれをしてもいいですが、頻繁にしないようにしましょう。ダッブルフォルトをした後は何をしても何を考えても大事です。それで状況を修正になることができます。

解答

サーブを入るのになるのは何が必要ですとよく考えなさい。最後のチャンスですから、二つ目のサーブのほうは高度な制御が重要です。自分に圧力をかけたり、緊張したりしないでなさい。この以下の５つステップを従って、あまりダッブルフォルトをしないようにしましょう：

1. トスをちゃんと選んでください。トスは全部打たないでください。焦らないで、よいトスと高確率なサーブしか打たないでください。

2. サーブの動きを急がないようにしましょう。

3. サーブをする前に少なくても４回もボールをバウンドして、緩めるようになりましょう。

4. スイングをフォロースルーするにしましょう。

5. できるだけ長くボールを見守るようにしましょう。あごも頭も上げボールを打ちなさい。

著者のほかの作品

テニス・サーブ・ハーダー・トレーニング
Tennis Serve Harder Training Program

このDVDは３ヶ月の毎日トレーニングでより速く時速１０−２０マイルのサーブしかたを教える！世界中の最高なサーブトレーニング！ビデオも３ヶ月トレーニングチャートもステップバイステップマニュアルも含めて。DVDは運動の正しい仕方とプログラムに成功するに適切なプロセスを示す。

ジョセフコリアはプロテニス選手とコーチで、ITFやATPや世界中のトーナメントに何回も参加しても教えました。その上でUSPTRプロコーチ認証もITFキッズコーチ認証も持って、数百人の生徒を教えることもありました。

テニスの３３法律
The 33 Laws of Tennis

Ｔテニスの３３法律はあなたがより良くより準備したの選手になる為に価値高いテニスコンセプトな本で

す。この本の著者はアメリカ人のプロテニス選手とコーチです。非常に便利な本で競合する前に多くの小さなしかし重要なことを思い出させます。

テニスの足しばきとカーディオ

Tennis Footwork and Cardio by Joseph Correa

ジョセフコリアはプロテニス選手とコーチで、ITF や ATP や世界中のトーナメントに何回も参加しても教えました。その上で USPTR プロコーチ認証も ITF キッズコーチ認証も持って、数百人の生徒を教えることもありました。

体調を整えるしテニスコートのオンとオフ、あなたの移動度を向上させる。足しばきがドンドン向上させるだけではなく、コアと上半身を強化させる。まじめなテニス選手ならどんなレベルでもこのトレーニングが間違いなく価値があります。コートにもっと速く、強く、鋭くなるの上で、サーブもグラウンドストロークも加速が増加する。プロテニス選手はほかの選手がゲームを全身させ、より多く試合を勝つために作った。

ヨガテニス

Yoga Tennis by Joseph Correa

ジョセフコリアのヨガテニスは柔軟性と俊敏性を向上させるための素晴らしい方法だ。より多くのボールに到達し、少数の傷害をされる。３０分のDVDで、ゲームの別の部分で作業することで、より勝つために最適な方法だ。ゲームを改良し、試合で長持ちするアマチュアとプロのテニス選手が使用する。これはテニス選手がより柔軟になるために、共通の背中、膝、肩、ハムストリング、ふくらはぎ、および大腿四頭筋のけがを取り除くための最善の方法だ。楽しみにするんだろう！

これはうちのMBS ヨガテニス2012 の改良版である。

テニスの腹筋

Tennis Abs by Joseph Correa

テニスの腹筋はより強力なサーブ、フォアハンドやバックハンドだけでなく、よりパワフルなボレーのためのコアを強化する優れた方法だ。腹筋はより良いゲームに重要だ。このDVDは、他の腹部のビデオ

にはない多くのクランチ、腹筋運動、横腹筋と背中演習に焦点を当てている。試合中にシャツを変更する際には、自信を持って、ボールを打つけて！

www.ingramcontent.com/pod-product-compliance
Lightning Source LLC
Chambersburg PA
CBHW052125070526
44586CB00016B/2086